Un libro infantil ilustrado sobre la diversidad y la empatía

Escrito por Sharon Purtill, ilustrado por Sujata Saha
y traducido por Mariana Horrisberger

Publicado por la editorial Dunhill Clare Publishing - Ontario, Canada
Copyright© 2020 Dunhill Clare Publishing
dunhillclare@gmail.com

Edición en español

Todos los derechos reservados. Queda totalmente prohibida
la reproducción total y parcial de esta obra por cualquier medio
o procedimiento, ya sea electrónico, mecánico, fotográfico,
audiovisual, copiado o grabación sin la autorización escrita de los titulares
del copyright, con la sola excepción de las menciones o reseñas breves.

Edición de tapa dura   ISBN: 978-1-989733-54-7
Edición de tapa blanda ISBN: 978-1-989733-55-4
Edición digital epub   ISBN: 978-1-989733-56-1
Edición digital mobi   ISBN: 978-1-989733-57-8

Catalogación la Library and Archives Canada (Biblioteca y Archivos de Canadá)

Está BIEN ser diferente

Este libro está dedicado a todos
los niños que tienen el coraje
de ser quienes son, y que aprecian
la maravillosa diversidad que los rodea.

Todos somos diferentes.

¿Sabías que todas las personas son diferentes?

¡Y está bien!

Si todos luciéramos y actuáramos igual, ¿cómo sabríamos quién es quién?

A algunos niños les mola nadar

A algunos niños les gusta bailar

y a otros en bici pedalear.

Todos somos diferentes.

Algunos niños aman el color azul y otros prefieren el amarillo.

A algunos niños les divierte armar con bloques torres imponentes.

A algunos niños les apetece
llevar calcetines diferentes.

Todos somos diferentes.

Algunos niños tienen la piel más clara y el cabello liso.

Otros tienen la piel más oscura
y llevan hermosos rizos.

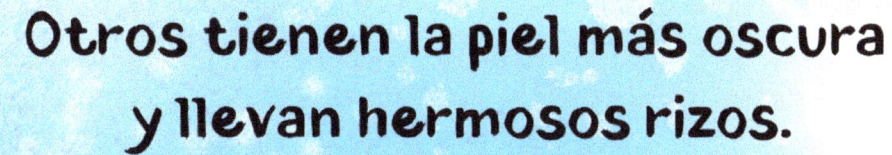

Algunos niños **grandotes** son y otros menuditos.

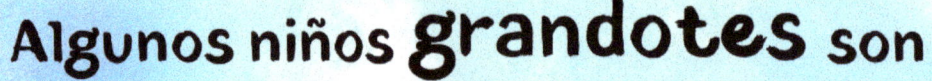

Algunos niños son **altos** y otros bajitos.

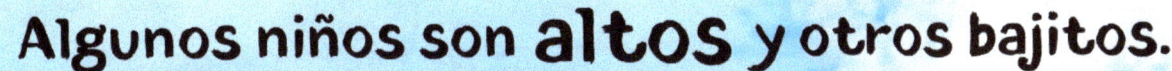

Todos somos diferentes.

Algunos niños son brillantes en matemáticas y otras ciencias. Otros niños, por su parte, tienen otras preferencias.

Tal vez los deportes o la música sean sus pasiones. Algunos tocan instrumentos, otros cantan las canciones.

Todos somos diferentes.

Algunos niños llevan gafas para mejorar su visión. Otros niños hablan mi idioma con diferente pronunciación.

Todos somos diferentes.

Algunos llevan gafas, muletas, sillas de ruedas o cabestrillos, pero nunca está bien reírse de ello o hacer chascarrillos.

Aunque no hablemos, actuemos,

o luzcamos todos por igual,

cada niño es un individuo,

una persona como TÚ,

único y especial.

Pues, para ellos, TÚ eres diferente también.

Recuerda, está BIEN

ser diferente, ¡está bien ser tú!

Has nacido para ser diferente.

Está BIEN ser diferente

¿Conoces personas que se diferencian en algo de tí?

Si tú has notado diferencias, ellos las deben notar también.

¿Qué es lo que los hace diferentes de tí?

¿Cómo podrías ser bueno con ellos y tratarlos bien?

www.ingramcontent.com/pod-product-compliance
Lightning Source LLC
Chambersburg PA
CBHW041231240426
43673CB00010B/310